À la fois : édition originale dans la Médecin-Antrone

Vente Matarasso
5-6-2-57 N°55
45.000f
19-3-57

Là-bas, il est encor parmi nous.

Imp. A. Salmon

L'Auteur à 20 ans.

POÉSIES

POÉSIES

DE

JULES BARBEY D'AUREVILLY

COMMENTÉES PAR LUI-MÊME

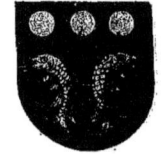

M D CCC LXX

La première édition de ces Poésies
a été imprimée à Caen, chez Hardel, en 1854,
à trente-six exemplaires, par les soins de
G.-S. TREBUTIEN

CETTE NOUVELLE ÉDITION DES

POÉSIES DE JULES BARBEY D'AUREVILLY

PRÉPARÉE PAR

G.-S. TREBUTIEN

A ÉTÉ IMPRIMÉE A LXXII EXEMPLAIRES

PAR LES SOINS DE

INSIGNIS NEBULO

à mon très-cher ami et éditeur

G. S. TREBUTIEN

A qui dédier ces vers qui devraient peut-être rester inédits ?... En vous les offrant, je ne vous les donne pas : je vous les restitue... Vous qui savez éditer comme Benvenuto Cellini ciselait, vous avez taillé mes cailloux comme on taille des diamants, & par là, vous avez fait vôtres & presque précieuses, ces quelques pierres brutes, noires & couleur de sang, dans lesquelles, sans vous, la lumière n'aurait jamais joué.

J. Barbey d'Aurevilly.

Paris, 15 août 1853.

Voilà pourquoi je veux partir.

« Oh ! pourquoi voyager ? » as-tu dit. C'est que l'âme
Se prend de longs ennuis & partout & toujours ;
C'est qu'il est un désir, ardent comme une flamme,
Qui, nos amours éteints, survit à nos amours !
C'est qu'on est mal ici, — comme les hirondelles,
Un vague instinct d'aller nous dévore à mourir ;
C'est qu'à nos cœurs, mon Dieu ! vous avez mis des ailes.
    Voilà pourquoi je veux partir !

C'est que le cœur hennit en pensant aux voyages,
Plus fort que le coursier qui, sellé, nous attend ;
C'est qu'il est dans le nom des plus lointains rivages,
Des charmes sans pareils à celui qui l'entend ;
Irrésistible appel, ranz des vaches pour l'âme
Qui cherche son pays perdu — dans l'avenir ;
C'est fier comme un clairon, doux comme un chant de femme.
    Voilà pourquoi je veux partir !

C'est que toi, pauvre enfant & si jeune & si belle,
Qui vivais près de nous & couchais sur nos cœurs,
Tu n'as pas su dompter cette force rebelle,
Qui nous jeta vers toi pour nous pousser ailleurs !
Tu n'as plus de mystère au fond de ton sourire,
Nous le connaissons trop pour jamais revenir ;
La chaîne des baisers se rompt, — l'amour expire...
  Voilà pourquoi je veux partir !

En vain, tout en pleurant, la femme qui nous aime
Viendrait à notre épaule agrafer nos manteaux,
Nous resterions glacés à cet instant suprême :
A trop couler pour nous des pleurs ne sont plus beaux.
Nous n'entendrions plus cette voix qui répète :
« Oh ! pourquoi voyager ? » dans un tendre soupir
Et nous dirions adieu sans retourner la tête.
  Voilà pourquoi je veux partir !

Oh ! ne m'accuse pas, accuse la nature,
Accuse Dieu plutôt, — mais ne m'accuse pas !
Est-ce ma faute, à moi, si dans la vie obscure
Mes yeux ont soif de jour, — mes pieds ont soif de pas ?
Si je n'ai pu rester à languir sur ta couche,
Si tes bras m'étouffaient sans me faire mourir,

S'il me fallait plus d'air qu'il n'en peut dans ta bou-
    Voilà pourquoi je veux partir !   che....

Pourquoi ne pouvais-tu suffire à ma pensée,
Et tes yeux n'être plus que mes seuls horizons ?
Pourquoi ne pas cacher ma tête reposée
Sous les abris d'or pur de tes longs cheveux blonds ?
Comme la jeune épouse endormie à l'aurore,
La fleur d'amour, comme elle, au soir va se rouvrir...
Mais si l'amour n'est plus, pourquoi de l'âme encore ?
    Voilà pourquoi je veux partir !

Tu ne la connais pas cette vie ennuyée,
Lasse de pendre au mât, avide d'ouragan.
Toi, tu restes toujours sur ton coude appuyée,
A voir stagner la tienne ainsi qu'un bel étang.
Restes-y ; — mon amour fut l'ombre d'un nuage
Sur l'étang ; — le soleil y reviendra frémir...
Tu ne garderas pas trace de mon passage...
    Voilà pourquoi je veux partir !

O coupe de vermeil où j'ai puisé la vie,
Je ne t'emporte pas dans mon sein tout glacé ;
Reste derrière moi, reste à demi-remplie,
Offrande à l'avenir et debris du passé !
Je peux boire à présent, sans que trop il m'en coûte,

Un breuvage moins doux et moins prompt à tarir,
Dans le creux de mes mains, aux fossés de la route...
    Voilà pourquoi je veux partir !

Mais si c'est t'offenser que partir, oh ! pardonne ;
Quoique de ces douleurs dont tu n'eus point ta part,
Rien, hélas ! — (et pourtant autrefois tu fus bonne)
Ne saurait racheter le crime du départ.
Pourquoi t'associrais-je à mon triste voyage ?
Lorsque tu le pourrais, oserais-tu venir ?
Plus sombre que Lara, je n'aurai point de page...
    Voilà pourquoi je veux partir !

Et qu'importe un pardon ! innocent ou coupable,
On n'est jamais fidèle ou parjure à moitié ;
Le cœur, sans être dur, demeure inébranlable,
Et l'oubli lui vaut mieux qu'une vaine pitié.
Ah l'oubli ! quel repos quand notre âme est lassée !
Endors-toi dans ses bras sans rêver ni souffrir...
Je ne veux rien de toi... pas même une pensée...
    Voilà pourquoi je veux partir !

Car il est, tu le sais, ô femme abandonnée,
Un voyageur plus vieux, plus sans pitié que moi,
Et ce n'est pas un jour, quelque mois, une année,
Mais c'est tout qu'il doit prendre aux autres comme à toi !

Tels que des epis d'or sciés d'une main avide,
Il prend beauté, bonheur, et jusqu'au souvenir,
Fait sa gerbe, et s'en va du champ qu'il laisse aride...
    Voilà pourquoi je veux partir !

Oui, partir avant lui, partir avant qu'il vienne !
Te laisser belle encor sous tes pleurs répandus,
Ne pas chercher ta main qui froidit dans la mienne,
Et sous ton front terni, tes yeux, astres perdus !
N'eût-on que le respect de celle qui fut belle,
Il faudrait s'épargner de la voir se flétrir,
Puisque Dieu ne veut pas qu'elle soit immortelle !
    Voilà pourquoi je veux partir !

« Je ne sais si c'est la contagion, ou quelque corde qui se retend en moi, mon ami, mais moi aussi j'ai eu des quarts-d'heure de poésie, depuis que je ne vous ai vu. Je vous apporterai trois pièces de vers qui ont eu les applaudissements de mon frère..... la troisième que je crois antique de pureté, d'attitude et de simplicité fière, est une réponse au mot d'une femme : « Oh ! pourquoi voyager ? » dont mon frère a fait une exquise élégie. Je vous montrerai les deux morceaux. » (Extrait d'une lettre datée de Caen, le 13 décembre 1834)

« Un morceau d'*Anthologie*, » disait Sainte-Beuve (*Voir la petite Revue du 23 dec. 1865.*)

Il avait un des trente-six exemplaires des vers de M. d'Aurevilly, avec un envoi de l'auteur, cité par M. Ed. Scherer, dans son article du journal *Le Temps*, du 15 février : *La Bibliothèque de Sainte-Beuve*. Ce volume n'a pas été compris dans la vente du 21 mars ; c'est pourquoi, sans doute, la citation de l'envoi a été retranchée de l'article reproduit en tête du catalogue. Nous le conserverons ici :

AU GRAND POÈTE QUI A ÉCRIT *JOSEPH DELORME*
A MONSIEUR SAINTE-BEUVE.

✞

Que le critique se détourne avec indulgence, et que le poëte généreux comme le génie me donne l'hospitalité.

JULES BARBEY D'AUREVILLY.

à ×××

Si tu pleures jamais, que ce soit en silence ;
Si l'on te voit pleurer, essuie au moins tes pleurs !
Car tu ne peux trouver au fond de la souffrance
Le calme fier qui naît des injustes douleurs.

Non, tu ne le peux pas. Si ta vie est brisée,
Qui me brisa le cœur où tu vivais ? Dis-moi,
Dis-moi qui l'a voulu, si je t'ai délaissée ?
Tes pleurs amers et vains n'accuseraient que toi !

Les femmes sont ainsi ! Que je t'eusse trahie,
Tu reviendrais m'offrir à genoux mon pardon.
Si tu m'aimais, pourquoi cette triste folie
D'implorer de l'amour la fuite et l'abandon ?

Mon orgueil t'obéit sans risquer un murmure.
A ce monde sans cœur je cache mes regrets ;
Sous un dédain léger je cache ma torture,
Et si bien — que toi-même aussi t'y tromperais !

Et tu m'aimais pourtant ! Amour triste et rapide !
Ne me semblait-il pas le plus profond des deux ?
Sans moi de quel bonheur étais-tu donc avide,
Puisqu'avec moi jamais tu n'avais l'air heureux ?

Mais à présent sans moi plus heureuse, j'espère,
Si tu penses parfois à celui qui t'aimait,
Ne te repens-tu pas d'avoir fait un mystère
Du mal que tu cachais et qui l'inquiétait ?

Et si tu t'en repens, cache-le dans ton âme.
Tout n'est-il pas, hélas ! entre nous consommé !
O toi qui n'eus jamais l'abandon d'une femme,
Reste ce que tu fus, ô blond Sphinx trop aimé !

« Vous voyez que malgré les horreurs de la politique, le démon des vers me tente encore parfois, mais c'est toujours un autre démon qui l'amène, et voilà pourquoi je ne fais pas de livres en vers, mais seulement des vers par-ci par-là. »
(Lettre du 25 mars 1843.)

à ×××

Oh ! comme tu vieillis ! Tu n'en es pas moins belle ;
Ton front au poids des ans refuse de fléchir.
La rose de ta lèvre est peut-être éternelle,
Puisque pleurs ni baisers, rien n'a pu la flétrir !
Oh ! comme tu vieillis ! Je te retrouve toute,
Comme autrefois, — après deux ans d'amour cueillis !
Mais sur ce cœur à toi, Clary, Clary, tu doute...
   Pauvre enfant, comme tu vieillis !

l'Échanson.

Tu ne sais pas, Clary, quand, heureuse, ravie,
Tu me tends ton épaule & ton front tour à tour,
Que dans la double coupe où je puise la vie
Il est un autre goût que celui de l'amour...
O ma chère Clary ! tu ne sais pas sans doute
Qu'il est derrière nous un funèbre Échanson,
Dont la main doit verser d'abord, goutte par goutte,
   Dans tout amour un froid poison.

Dès que nous nous aimons, cet Échanson terrible
Apparaît, — & grandit comme un spectre fatal ;
Il ne nous quitte plus... présent, quoiqu' invisible,
De l'amour partagé mystérieux vassal.
Partout où nous allons, comme un sinistre Page,
Il s'attache à nos pas, il se tient à nos flancs,

Et l'horrible poison que d'abord il ménage,
Bientôt il le verse à torrents !

Il le verse, & l'on boit... Dans les yeux qu'on adore,
Du poison répandu, naissent, hélas ! des pleurs ;
Ils coulent, on les boit ; — mais lui, lui verse encore,
Et le poison cruel a filtré dans les cœurs !
Il verse, — & le baiser se glace aux lèvres pures,
Il verse, — & tout périt des plus fraîches amours !
Mais comme indifférent à tant de flétrissures,
L'Empoisonneur verse toujours !...

Ne l'as-tu jamais vu ce pâle & noir génie
Qui naît avec l'amour pour le faire mourir ?
N'as-tu jamais senti se glisser dans ta vie
Le poison qui, plus tard, doit si bien la flétrir ?
N'as-tu jamais senti sur tes lèvres avides
De l'Echanson de mort le philtre affreux passer ?...
Car le jour n'est pas loin peut-être où, les mains vides,
Il n'aura plus rien à verser !

Et quand ce jour-là vient, tout est fini pour l'âme ;
Tous les regrets sont vains, tous les pleurs superflus !
L'amant n'est plus qu'un homme, & l'amante, une
femme ;

Et ceux qui s'aimaient tant, hélas ! ne s'aiment plus !
Une clarté jaillit, une clarté cruelle,
Qui montre les débris du cœur brisé, vaincu :
Ce n'est plus toi, dit-il ; — Ce n'est plus toi, dit-elle. —
    Le masque tombe, & l'on s'est vu.

O ma pauvre Clary ! ma fidèle maîtresse,
Nous verrons-nous un jour ainsi (destin jaloux !)
Sans ce masque divin que nous met la jeunesse,
Masque d'illusions, cent fois plus beau que nous ?
Verrons-nous, ma Clary, — Grand Dieu ! faut-il le croire ? —
Le noir Empoisonneur entre nous quelque jour,
Tout prêt à nous verser à nous tout prêts à boire
    L'effroyable ennui de l'amour !

Hélas ! c'est déjà fait... j'ai bu du froid breuvage
Que l'Echanson de mort verse, — & qu'il faut tarir ;
Et j'ai senti, Clary, chaque jour davantage,
Que je l'épuiserais sans pouvoir en mourir !
S'il t'est doux de m'aimer, préserve ta tendresse,
Ne bois pas que bien tard, bien longtemps après moi !
Et rêve encore l'amour du cœur qui te délaisse...
    Du triste cœur qui fut à toi !

« … Je vous écris de mon lit, appuyé sur mon coude, comme un ancien, ayant pour soutenir ma main, votre album. Je viens d'y tracer à l'instant même des vers qui furent le sang de mon cœur. J'aime à vous donner cela comme un d'une amitié exaltée. C'est comme si, blessé dans quelque combat, je vous envoyais les bandelettes de mes blessures. » (*Paris, samedi soir, janvier 1844.*)

« Je déposerai dimanche chez D*** votre album que je vous renvoie. Puisse ce que j'ai écrit vous plaire ! Ce sont trois morceaux qui peut-être un jour, quand je serai devenu historien politique, ou chargé d'affaires quelque part, auront un certain prix de curiosité. Du reste, Machiavel a fait des comédies et des sonnets… Mes sonnets, à moi, sont deux pièces de vers écrites à des femmes. Je vous en ai parlé déjà. L'une est intitulée *L'Echanson* (et, franchement, je la crois digne d'un poëte), et l'autre porte pour titre : *La Beauté*. — La Beauté ! ce à quoi vous êtes si sensible, mon cher Trebutien. (*29 février 1844*).

la Beauté.

à Armance.

Eh quoi ! vous vous plaignez, vous aussi, de la vie !
Vous avez des douleurs, des ennuis, des dégoûts !
Un dard sans force aux yeux, sur la lèvre une lie,
Et du mépris au cœur ; — hélas ! c'est comme nous !
Lie aux lèvres ? — Poison, reste brûlant du verre ;
Dard aux yeux ? — Rapporté mi-brisé des combats ;
Et dans le cœur mépris ? — Eternel sagittaire
    Dont le carquois ne tarit pas !

Vous avez tout cela, — comme nous, ô Madame !
En vain Dieu répandit ses sourires sur vous.
La Beauté n'est donc pas tout non plus pour la femme.
Comme en la maudissant nous disions à genoux !
Et comme tant de fois dans vos soirs de conquête,

Vous l'ont dit vos amants, en des transports perdus,
Et que, pâle d'ennui, vous détourniez la tête,
    O Dieu ! n'y pensant déjà plus.

Ah ! non, tu n'es pas tout, Beauté, — même pour celle
Qui se mirait avec le plus d'orgueil en toi,
Et qui, ne cachant pas sa fierté d'être belle,
Plongeait les plus grands cœurs dans l'amour & l'effroi !
Ah ! non, tu n'es pas tout ! — C'est affreux, mais pardonne ;
Si l'homme eût pu choisir, il n'eût rien pris après,
Car, il a cru longtemps, au bonheur que tu donnes,
    Beauté ! que tu lui suffirais !

Mais l'homme s'est trompé, je t'en atteste, Armance !
Qui t'enivrais de toi comme eût fait un amant,
Puisant à pleines mains dans ta propre existence,
Comme un homme qui boit l'eau d'un fleuve en plongeant.
Pour me convaincre, hélas ! montre-toi tout entière.
Dis moi ce que tu sais... l'amère vérité.
Ce n'est pas un manteau qui cache ta misère,
    C'est la splendeur de ta Beauté !

Dis-moi ce que tu sais... de ta pâleur livide

Que des tempes jamais tes mains n'arracheront
Et qui semble couler d'une coupe homicide,
Que le destin railleur renversa sur ton front ;
De ton sourcil froncé, de l'effort de ton rire,
De ta voix qui nous ment, de ton œil qui se tait,
De tout ce qui nous trompe, hélas ! et qu'on admire,
  Ah ! fais-moi jaillir ton secret !

Dis tout ce que tu sais... Rêves, douleur & honte,
Désirs inassouvis par des baisers cuisants,
Nuits, combats, voluptés, souillures qu'on affronte
Dans l'infâme fureur des échevèlements !
Couche qui n'est pas vide & qu'on fuit, — fatale heure
De la coupable nuit dont même on ne veut plus,
Et qu'on s'en va finir — au balcon — où l'on pleure,
  Et qui transit les coudes nus !

Ah ! plutôt ne dis rien ! car je sais tout, Madame.
Je sais que le bonheur habite de beaux bras.
Mais il ne passe pas toujours des bras dans l'âme...
On donne le bonheur, on ne le reçoit pas !
La coupe où nous buvons n'éprouve pas l'ivresse
Qu'elle verse à nos cœurs, brûlante volupté.
Vous avez la Beauté, — mais un peu de tendresse,

Mais le bonheur senti de la moindre caresse
Vaut encore mieux que la Beauté.

Armance est la marquise Armance du V***, à qui d'Aurevilly a dédié son livre de l'Amour impossible, dont lui & elle sont les deux héros. Elle est aussi l'objet d'une allusion dans la strophe LXXXIV de la Bague d'Annibal : « Oui, vous savez de quelle marquise du V*** je parle dans la Bague. Elle a eu son jour de grandeur, comme de beauté suprême, mais Troja fuit !... Vous trouverez dans le premier volume de mes Memoranda un portrait d'elle, qui fut ressemblant. C'est ce qu'on peut dire de mieux des portraits qui ne sont jamais qu'une minute, une halte dans ce qui ne s'arrête point... (Lettre du 15 octobre 1851.)

Dans une autre lettre écrite il y a quelques années, il m'en parlait en ces termes : « J'ai dîné hier avec ma Bétangère de Gesvres, la Marchesa, insolemment & divinement belle toujours... La marquise a deux filles ravissantes. L'une est jolie, mais qu'est ce que cela ? L'autre terrasse de beauté. Elle ressemble, dans ses plus doux moments, à une Judith qui vient de couper la tête d'Holopherne. (6 octobre 1844.)

L'Amour impossible, Paris, 1841, in-8°. — La Bague d'Annibal, Caen, 1843, in-16.

à la même,

Vous voulez donc que sur la blanche page,
Fruits d'un arbre flétri, soient écrits quelques vers ?
Oh ! pourquoi votre cœur n'a-t-il pas pour image
Ces candides feuillets à mes regrets ouverts !
J'essairais d'y tracer peut-être avec délices
Le doux mot qu'en raillant vous dites chaque jour ;
Mais votre cœur, hélas ! est si plein de caprices,
  Que la place y manque à l'amour !

«..... A quatre heures et demie le coiffeur est venu — habillé — et puis chez la marquise. Elle était d'une beauté splendide, grave, pâle, idéale, et que je ne lui connaissais pas : les cheveux en bandeaux et une émeraude sur le front, les épaules découvertes, et noble et belle, ainsi, à rendre fou Léonard de Vinci, s'il revenait au monde. — Je le lui ai dit. — Madame de Saint-M*** était là — sucrée, pâle, yeux cernés, moustaches brunes, l'air vignette. Johannot, en tout, fuseau peu souhaitable, malgré la physionomie de ses petites moustaches de velours. — Caillette pour l'esprit, bas-bleu céleste, — jetant le mot, ce que j'abomine, au lieu de le dire lentement. — On a solidement bu. — Je me suis contenu le plus possible, mais la contagion de l'exemple est venue jusqu'à moi. — La Marchesa m'a dit, en jouant, de lui écrire des vers sur son album. Voici ce que j'ai écrit...» (31 mars 1838.)

L'objet de cette comparaison injurieuse est Mad. de Saint-Mars, alias Mad. la comtesse Dash. On peut nommer une femme de lettres, en toutes lettres.

De son côté, elle a jeté ce mot : «Personne n'a jamais vu l'argent ni... de M. d'Aurelly.» C'est bien fait — !

« Mais les Dieux l'ont puni pour l'avoir méprisée... (Corneille.)

à D.O.Y.

Si j'avais, sous ma mantille,
    Cet œil gris de lin,
Et cette svelte cheville
Dans mon svelte brodequin;

Si j'avais ta morbidesse,
    Tes cheveux dorés
Retombant en double tresse,
Jusque sur mes reins cambrés !

Si j'avais, ô ma pensée
    Dans mon corset blanc,
Ta blonde épaule irisée
D'un duvet étincelant !

Et cette enivrante chose
    Et ton plus beau don,
Sur laquelle l'amour pose
Ses lèvres — et pas de nom !

Dans l'édition imprimée à Caen en 1854, cette quatrième strophe est remplacée par des lignes de points.

Enfin si je semblais faite
  Pour donner la loi,
Je serais, ô ma Paulette !
  Vne coquette
Plus coquette encore que toi.

Je voudrais être une reine
  Fière comme un paon
Dont on aurait grande peine
A baiser le bout du gant.

Je ne serais pas de celles
  Froides à moitié,
Qui, d'abord, font les cruelles
Et puis après ont pitié.

Je serais une tigresse
  Rebelle aux amours,
Cachant la griffe traîtresse
Dans ma patte de velours.

Je ferais souffrir aux âmes
  Mille bons tourments,
Et je vengerais les femmes
De tous leurs fripons d'amants !

Et sans l'éventail qui cache
    Deux beaux yeux moqueurs,
Je rirais, sur leur moustache,
De leur flamme et de leurs pleurs !

Et je passerais ma vie
    A les désoler,
Et je serais si jolie
Qu'il leur faudrait bien m'aimer !

Et puis si d'aimer l'envie
    Un jour me prenait
Je n'aurais de fantaisie
Que pour celui qui dirait :

Si comme toi j'étais faite
    Pour donner la loi,
Je serais une coquette,
    O ma Paulette !
Plus coquette encore que toi !

Aime-moi donc, ma Paulette,
    O mon blond trésor !
Aimer un fat, toi coquette,
Ce sera t'aimer encore !

« ..... Scudo m'a envoyé de la musique composée sur mes strophes à P***. — Je les ferai chanter par la gracieuse fiancée de Guérin, qui ne saura pas l'origine de cette romance, et pour quelle jeune fille comme elle je l'écrivis, au milieu d'angoisses et de bonheurs tristes qui ne recommenceront plus pour moi. » (Memoranda, 22 juin 1838).

à Roger de B***

en lui envoyant la Bague d'Annibal.

Poëte de cape et d'épée,
A qui n'a jamais résisté
Ni la Muse ni la Beauté,
Ni la Grâce désoccupée,
Thaumaturge d'amour, qui peux d'une poupée
Faire un démon de volupté !

Tu redemandes cette histoire
Qu'aux temps si fous de mon passé
J'écrivis, *un soir*, de mémoire,
Avec de l'encre rose et noire,
Et la gaîté d'un cœur brisé.

Revois ce portrait d'une femme
Dont le sourire était mortel,
Argile inaccessible aux chaleurs de la flamme,

Corps charmant, mais vide d'une âme...
C'est de la vengeance... au pastel.

Une vengeance ! faible chose,
Qui ne rachète rien des maux qu'on a soufferts !
Elle s'énerve dans ma prose...
Mais comme un fort poison dans des parfums de rose,
Elle enivrerait dans les vers !

« J'ai reçu vos Brummels, et quelle joie de vous en remercier ! La Bague d'Annibal qui s'y trouvait jointe, a eu son placement immédiat : j'ai épousé d'un extravagant d'ami Roger de Beauvoir, l'auteur de la Cape et l'Épée et autres merveilles, et je lui ai barbouillé sur l'enveloppe les pensées suivantes... » (Paris, janvier 1851.

« À propos d'ami, entendons-nous sur Roger de Beauvoir. Ce n'est certes pas un amitié votre manière ! C'est un de ces parleurs agréables de souper et de monde, rencontré dans mon ancienne vie de Caen, alors que j'étais ce qu'on appelait le Roi des Ribauds. Nous avons toujours été très bien, mais de la consistance, je sais qu'il n'en a jamais eu. C'est de la mousse de vin de champagne sur le pied d'un verre taillé à facettes, et qui brille de mille feux dans l'ivresse d'un... Rien de plus. Politiquement je ne sais pas ses méfaits à Caen et son encre rouge ; mais en fait d'extravagances, Roger ne m'étonnera jamais. Toutes ces folies n'empêchent pas l'étincelle du poète d'être en lui. Mon Brummell lui avait beaucoup plu ainsi que ma Bague, et vraiment, il était poétiquement digne de les avoir sur les planches incrustées de sa bibliothèque qui est d'une rare élégance, et ils ne s'y morfondront pas. Nous sommes encore trop ensemble pour que je puisse lui refuser une Bague, demandée comme on demanderait celle qu'une femme qu'on aime aurait à son doigt. Vous avez maintenant l'explication de mon envoi et de ma politesse. » (Lettre du 22 janvier.)

(1) Seul de ses contemporains, M. Barbey d'Aurevilly se souvient d'avoir été surnommé Le Roi des Ribauds.

M. Roger de Beauvoir est ici quelque peu renié, pour apaiser l'amitié jalouse du scrupuleux Trebutien ; néanmoins, l'auteur de La Cape et l'Épée et celui de L'Amour impossible continuèrent d'être très-bien.

La date de publication de La Bague d'Annibal, est 1843. Celle du petit livre du Dandysme et de G. Brummell, 1845 ; Caen, in-8°. Il a eu une seconde édition in-12, Paris, 1861.

Saigne, mon cœur.

Saigne, saigne, mon cœur… Saigne ! je veux sourire,
Ton sang teindra ma lèvre & je cacherai mieux
Dans sa couleur de pourpre & dans ses plis joyeux,
    La torture qui me déchire.

Saigne, saigne, mon cœur, saigne plus lentement…
Prends garde ! on t'entendrait… Saigne dans le silence,
Comme un cœur épuisé qui déjà saigna tant,
    A bout de sang & de souffrance !

Quand parmi les sans-cœurs, pauvre cœur, je te traîne,
Sous mon frac étriqué tu saignes dans ta nuit.
Les six lignes de chair de la poitrine humaine
    Pourraient trahir ton faible bruit.

Mais je ne permets pas aux hommes de la foule,
Insolents curieux de tout cruel destin,
De t'approcher, cœur fier, pour entendre en mon sein,
    Dégoutter ton sang qui s'écoule.

Saigne, saigne, mon cœur… j'étoufferai l'haleine
Qui pourrait, à l'odeur, révéler le martyr !
Saigne & meurs, cœur maudit… car la Samaritaine
    Manque à jamais pour te guérir !

«..... C'est une boucherie assez curieuse, & cela a été écrit sous le couteau du destin... Quand on fait de pareils cris, on est bien près de devenir fou, & la littérature est au diable! Mais ne trouvez-vous pas qu'il y a dans tout cela une originalité cruelle qui esclave l'esprit & le déchire? Vous comprenez que, comme idiosyncrasie de soi-même, on ne publie pas, mais on ne brûle pas de pareils vers.» (*Lettre à Trebutien du 22 janvier 1852.*)

« Vous me demandez de vous expliquer les derniers mots de cette boucherie: *Saigne & meurs, cœur maudit, car la Samaritaine*, etc. Mon Dieu! la Samaritaine, pour moi, ce n'était que la femme aimante, la première femme aimante venue, — comme le bon Samaritain était le premier homme tendre qui passait, ce jour-là, sur le chemin de Jérusalem à Jéricho, — laquelle eût voulu entourer de bandelettes ce cœur déchiré qui a saigné des Océans, sans qu'on les ait jamais vus, Trébutien. L'attitude de l'esprit, une certaine manière de porter la tête, une parole vibrante, tout cela fait bien des illusions! mais il n'en est pas moins vrai que j'ai eu des isolations dans la vie dont personne ne s'est jamais douté, & dont la pièce de vers que vous aimez fait foi... Mais assez causé sur ce chapitre.» (*29 juillet.*)

Les Nénuphars

Allons, bel oiseau bleu, venez chanter votre romance à Madame.
(Suzanne)

« Vous ne mettrez jamais dans votre flore amoureuse le Nénuphar blanc qui s'appelle... »
(Une première lettre.)

I

Nénuphars blancs, ô lys des eaux limpides !
Neige montant du fond de leur azur !
Qui sommeillant sur vos tiges humides,
Avez besoin pour dormir, d'un lit pur ;
Fleurs de pudeur, oui, vous êtes trop fières
Pour vous laisser cueillir... et vivre après.
Nénuphars blancs, dormez sur vos rivières !
  Je ne vous cueillerai jamais !

II

Nénuphars blancs, ô fleurs des eaux rêveuses !
Si vous rêvez, à quoi donc rêvez-vous ?...

Car pour rêver, il faut être amoureuses,
Il faut avoir le cœur pris ou jaloux ;
Mais vous, ô fleurs que l'eau baigne et protège !
Pour vous, rêver, c'est aspirer le frais...
Nénuphars blancs, dormez dans votre neige !
    Je ne vous cueillerai jamais.

III

Nénuphars blancs, fleurs des eaux engourdies,
Dont la blancheur fait froid aux cœurs ardents,
Qui vous plongez dans vos eaux détiédies,
Quand le soleil y luit, Nénuphars blancs !
Restez cachés aux anses des rivières,
Dans les brouillards, sous les saules épais...
Des fleurs de Dieu vous êtes les dernières !
    Je ne vous cueillerai jamais !

« Comme le vent, ces jours derniers, a soufflé aux romances, moi qui ne m'y connaît guères, j'en ai piqué une sur les touches du piano, et je vous l'envoie ci-contre. J'ai la faiblesse de la trouver jolie, mais c'est l'influence de la bouche qui la chante, je crois. » (20 janvier 1852.)
    Cette pièce et la suivante sont adressées à madame la baronne de B***.

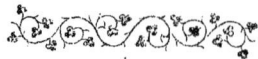

à ×××

I

Je vivais sans cœur,— tu vivais sans flamme,
Incomplets, mais faits pour un sort plus beau ;
Tu pris de mes sens,— je pris de ton âme,
Et tous deux ainsi nous nous partageâmes,
Mais c'est toi qui fis le meilleur cadeau !

II

Oui, c'est toi, merci !... c'est toi, sainte femme,
Qui m'as fait sentir le profond amour...
Je mis de ma nuit dans ta blancheur d'âme,
Mais toi, dans la mienne, a mis le grand jour !

III

Je tombais, tombais... cet ange fidèle
Qui suit les cœurs purs ne me suivait pas...
Pour me soutenir me manquait son aile...
Mais Dieu m'entrouvrit ton cœur et tes bras !

IV

Et j'aime tes bras... tes bras, mieux qu'une aile :
Car une aile, hélas ! sert à nous quitter :
L'ange ailé s'en va lorsque Dieu l'appelle...
Tandis que des bras servent à rester !

Porte Maillot, Jeudi Saint, 1852.

« Renée, je pense, qui ne sait pourtant que là peu près des choses vous aura touché un mot de ma vie actuelle et vous m'aurez pardonné. Mes moments ne m'appartiennent plus. Tout ce que j'en puis arracher au travail forcé, à la nécessité qui nous courbe tous, je le donne, je le prodigue, et ce n'est pas assez encore, à celle que j'appelle le dernier et le plus profond sentiment de ma vie. Je paresse avec d'incroyables délices dans ces jardins d'Armide, et par le mariage, un jour ou l'autre, j'en vais fermer la porte à clef. Malheureusement, ce ne sera pas aussitôt que je le voudrais, quoique nous soyons fiancés à l'autel du bon Dieu et dans son Église.
« Ce mariage arrêté est encore un secret pour ma famille. Mon frère Léon le sait, et comme vous êtes dans mon cœur sur la même ligne que Léon, je vous le dis confidemment. Que cette confidence reste entre nous ! La femme qui a la bonté de m'aimer appartient à la société la plus élevée du faubourg Saint-Germain... Par un de ces hasards qui enivrent les cœurs épris, elle a perdu, jeune, son mari qu'elle n'avait jamais que profondément estimé et qui méritait son estime. Aussi n'avait-elle connu l'amour quand je lui ai pris le cœur dans mes griffes (c'est elle qui dit cela) que par ce qu'elle en avait lu dans l'Imitation de Jésus-Christ, et senti dans les extases de la communion. Le premier battement de cet ange blanc, de ce cœur blanc, comme parle Swedenborg, a été pour moi, et je l'appelle ma vierge veuve. Je ne vous dis que cela à vous, le délicat des délicats, la pureté ardente, la flamme du sacrifice d'Abel ! pour vous faire comprendre les ineffables bonheurs qu'une telle femme peut me donner. C'est elle que je vous ai nommée mes tempes de crucifiée dans d'autres lettres. Liés comme nous le sommes, frères comme nous le sommes, il me semblait que je vous devais le meilleur mystère (encore) de ma vie, et vous dire qu'un jour ou l'autre, je vous donnerai une belle sœur. »
(Paris. — 8 Septembre, jour de la Vierge. — Ave stella matutina ! c'est comme notre amitié. — Une étoile aussi, et toujours matutina.)

La Maîtresse Rousse.

✻

I.

Je pris pour maître, un jour, une rude maîtresse,
Plus fauve qu'un jaguar, plus rousse qu'un lion !
Je l'aimais ardemment, — âprement, — sans tendresse,
Avec possession plus qu'adoration !
C'était ma rage, à moi, la dernière folie
Qui saisit, — quand touché par l'âge & le malheur,
On sent, au fond de soi, la jeunesse finie....
Car le soleil des jours monte encore dans la vie,
Qu'il s'en va baissant dans le cœur.

II

Je l'aimais ! & jamais je n'avais assez d'elle !
Je lui disais : « Démon des dernières amours,
Salamandre d'enfer, à l'ivresse mortelle,
Quand les cœurs sont si froids, embrase-moi toujours !
Verse-moi, dans tes feux, les feux que je regrette,
Ces beaux feux qu'autrefois j'allumais d'un regard !
Rajeunis le rêveur, réchauffe le poëte,
Et puisqu'il faut mourir, que je meure, ô fillette !
  Sous tes morsures de jaguar.

III

Alors, je la prenais dans son corset de verre,
Et sur ma lèvre en feu qu'elle enflammait encor,
J'aimais à la pencher, coupe ardente & légère,
Cette rousse beauté, ce poison dans de l'or !
Et c'étaient des baisers !.. Jamais, jamais Vampire
Ne suça d'une enfant le cou charmant & frais,
Comme moi je suçais, ô ma rousse hétaïre,
La lèvre de cristal où buvait mon délire,
  Et sur laquelle tu brûlais !

IV

Et je sentais ta foudroyante haleine
Qui passait dans la mienne, & tombant dans mon cœur,
Y redoublait la vie, en effaçait la peine,
Et pour quelques instants en ravivait l'ardeur !
Alors, fille de feu, maîtresse sans rivale,
J'aimais à me sentir incendié par toi,
Et voulais m'endormir, l'air joyeux, le front pâle,
Sur un bûcher brillant, comme Sardanapale,
  Et le bûcher était en moi !

V

« Ah ! du moins celle-là sait nous rester fidèle,
Me disais-je,— & la main la retrouve toujours,
Toujours prête à qui l'aime & vit altéré d'elle,
Et veut, dans son amour, perdre tous ses amours !
Un jour elles s'en vont, nos plus chères maîtresses ;
Par elles, de l'Oubli nous buvons le poison,
Tandis que cette Rousse, indomptable aux caresses,
Peut nous tuer aussi,— mais à force d'ivresses,
  Et non pas par la trahison ! »

VI

Et je la préférais féroce, mais sincère,
A ces douces beautés, au sourire trompeur,
Payant les cœurs loyaux d'un amour de faussaire!..
Je savais sur quel cœur je dormais sur son cœur!
L'or qu'elle me versait & qui dorait ma vie,
Soleillant dans ma coupe était un vrai trésor!
Aussi, ce n'était pas pour le temps d'une orgie,
Mais pour l'éternité que je l'avais choisie,
 Ma compagne jusqu'à la mort!

VII

Et toujours agrafée à moi comme une esclave,
Car le tyran se rive aux fers qu'il fait porter,
Je l'emportais partout dans son flacon de lave,
Ma topaze de feu, toujours près d'éclater!
Je ressentais pour elle un amour de corsaire,
Un amour de sauvage, effréné, fol, ardent!
Cet amour qu'Hégesippe avait dans sa misère,
Qui nous tient lieu de tout, quand la vie est amère,
 Et qui fit mourir Sheridan!

VIII

Et c'était un amour toujours plus implacable
Toujours plus dévorant, toujours plus insensé !
C'était comme la soif, la soif inexorable,
Qu'allumait autrefois le philtre de Circé !
Je te reconnaissais, voluptueux supplice !
Quand l'homme cherche, hélas ! dans ses maux oubliés,
De l'abrutissement le monstrueux délice...
Et n'est,—Circé !—jamais assez à son caprice,
    La bête qui lèche tes pieds !

IX

Pauvre amour,—le dernier,—que les heureux du monde
Dans leur dégoût hautain s'amusent à flétrir,
Mais que doit excuser toute âme un peu profonde,
Et qu'un Dieu de bonté ne voudra point punir !
Pour bien apprécier sa douceur mensongère,
Il faudrait, quand tout brille au plafond du banquet,
Avoir caché ses yeux dans l'ombre de son verre,
Et pleuré dans cette ombre,—& bu la larme amère
    Qui tombait & qui s'y fondait.

X

Un soir, je la buvais cette larme, en silence...
Et replongeant ma lèvre entre tes lèvres d'or,
Je venais de reprendre, ô ma sombre Démence!
L'Ironie, & l'Ivresse, & du Courage encor!
L'Esprit,—l'Aigle vengeur qui plane sur la vie,—
Revenait à ma lèvre, à son sanglant perchoir...
J'allais recommencer mes accès de folie,
Et rire de nouveau du rire qui défie!..
    Quand une femme en corset noir...

XI

Une femme... je crus que c'était une femme,
Mais depuis... ah! j'ai vu combien je me trompais!
Et que c'était un Ange & que c'était une Âme
De rafraîchissement, de lumière & de paix!
Au milieu de nous tous, charmante Solitaire,
Elle avait les yeux pleins de toutes les pitiés;
Elle prit ses gants blancs, & les mit dans mon verre,
Et me dit, en riant, de sa voix douce & claire:
    « Je ne veux plus que vous buviez! »

XII

Et ce simple mot là décida de ma vie,
Et fut le coup de Dieu qui changea mon destin!
Et quand elle le dit, sûre d'être obéie,
Sa main vint chastement s'appuyer sur ma main!
Et depuis ce temps-là, j'allai chercher l'ivresse
Ailleurs que dans la coupe où bouillait ton poison,
Sorcière abandonnée! ô ma Rousse Maîtresse!!!
Bel exemple de plus, que Dieu, dans sa sagesse,
Mit l'Ange au-dessus du Démon!

À Paris, 11 Novembre 1854, à quatre heures du soir.

« La Maîtresse rousse n'est nullement une femme, mais matériellement & positivement l'eau de vie, — que j'ai aimée, que j'aime encore, & dont je boirais comme sir Reginald Annesley (un type à la moi) si je ne craignais pas de faire de la peine à l'Ange blanc. Positivement aussi l'Ange blanc a mis ses gants dans mon verre, & ma poésie, comme tout ce qui est poésie sous ma plume, est de l'action & de la réalité. Tout est vrai dans ce que j'écris. — Vrai de la vie passée, soufferte, éprouvée d'une manière quelconque, — non pas seulement de la vie supposée ou devinée. Je ne suis aussi grand artiste que cela.....

« Quant à mon affreux goût pour l'eau de vie, ou le rhum, je sais tout ce qu'on en peut dire; mais que voulez-vous? il est en moi. Est-ce de dépravation ou de constitution? je ne sais. Mais l'Ange blanc seule dans le monde pouvait être plus puissante que ce goût destructeur, & m'en interdire l'ivresse. Un ennui dont vous avez mesuré la profondeur & la surface, mon cher Trébutien, puisque vous avez copié le Memorandum que j'avais écrit pour Guérin, une vie plus tard désespérée, un isolement de cœur égal à celui du Moïse de de Vigny : « Mon Dieu!

vous m'avez fait puissant & solitaire !» & que les huit mille bras des quatre mille femmes du prince de Conti n'auraient pas alors empêché, — les abominations de la désolation, enfin, ont été sur le point de faire de moi un ivrogne, un ivrogne enragé ! Je serais, sans l'Ange blanc, mort comme Edgard Poe, ce sinistre Sheridan américain, asphyxié & dans le ruisseau. J'ai bu jusqu'à de l'éther. Tenez, Guérin, dont nous parlons, entre nous, Guérin, /tant notre rabâcherie éternelle, avait aussi cette pente vers les alcools. Rappelez-vous ses lettres ! il aimait aussi ce diable d'état qui fait tinter les oreilles, les pieds, les mains, comme si tout l'être était métallique, comme si l'on était une espèce de gong vivant & vibrant sous une main moqueuse & acharnée ! Si je disais (même à part l'ivresse, cet inépuisable panorama de rêves qui tient dans les quelques gouttes d'un fluide) si je disais l'effet physique & visuel que me produisent les breuvages qui grisent, on m'appellerait fou, & l'on croirait que c'est après en avoir bu que j'écris... Je ne puis comparer cela qu'à l'effet des pierres précieuses, — que j'aime tant, mon cher Trebutien, que je ne passe jamais à côté de la boutique d'un orfèvre sans fermer les yeux : Et ne nos inducas in tentationem ! Il y a entre les pierres précieuses & les liqueurs une singulière intimité de rapports. Les liqueurs, selon la couleur qu'elles jettent, ressemblent à des dissolutions d'émeraudes, de rubis, de topazes. Je ne connais rien qui fascine davantage & fasse plus longuement rêver. Le mystère de la couleur y scintille, comme s'il allait s'y révéler & il ne s'y révèle pas. Pline disait que c'était la majesté de la nature dans un petit espace. Il avait raison, mais il eût pu ajouter encore que c'était aussi son secret ! la majesté de sa discrétion !

« Hé ! hé ! qu'est-ce que tout cela, bon Dieu ! à propos d'eau de vie ? Pardonnez-moi, mon cher Trebutien, & ne vous moquez pas trop de mes visions cornues, & de tout ce que je vois dans un verre de sacré-chien, comme disent messieurs les postillons. J'aime presque sentimentalement ce sacré-chien qui fait dire à Nanty Eward (un des types les plus profonds & les plus comiquement déchirants de tout Walter Scott) : « C'est du poil du chien qui m'a mordu ;» car j'en ai été mordu aussi, & pour les mêmes raisons que ce pauvre Nanty Eward ; mais le sentiment à part, mais à part l'horrible besoin d'ivresse quand on est solitairement malheureux, je l'aimais aussi pour la poésie des yeux & du rêve. Que de fois à souper, quand j'étais un ribaud splendide, & lorsque la conversation n'étincelait pas assez à mon caprice, — car l'étincelle seule appelle la flamme, comme l'abîme attire l'abîme, je me plongeai dans la contemplation de mon verre plein, qui fulgurait d'or dans le diamant de son cristal ! Je montais & redescendais les échelles de Jacob de la couleur, du fond de ma coupe jusqu'au bord, & j'y prenais, intellectuellement & par les yeux, des bains d'arc-en-ciel... Tout cela n'est que vision pour les gens qui ne sont pas nous... »

(2 avril 1853.)

à ×××

Comme, à l'angle tournant d'un pâle mausolée,
Un nom qui fait penser vient quelquefois s'offrir,
Ton œil rêveur, un jour, sur la page isolée
Où je t'écris mon nom, — verra mon souvenir.

Et tu l'y reliras ! — comme on lit sur la pierre
Qui préserve le nom qu'on aimait de l'oubli,
Et tu diras : « Ce livre est comme un cimetière
Où pour moi dort son cœur, — son cœur enseveli ! »

"A propos de *l'Ange blanc*, c'est à Elle que j'ai donné, il y a quelque temps, les deux exemplaires reliés des *Prophètes*, que j'avais primitivement destinés à la Duchesse de Berry et au roi de Naples.— Hier, j'ai écrit, sur la première page de l'exemplaire vert-noir, ceci qui m'est venu tout de suite.... Hein ! est-ce assez byronien de mélancolie...."

Les Prophètes du passé, in-8°, Caen, Hardel, 1851.
Cette pièce ne se trouve pas dans la première édition, non plus que la pièce suivante.

A CHARLES COLIGNY,
en lui envoyant un exemplaire du livre
Une Vieille Maîtresse.

Tu bus cette absinthe avec cœur :
Rebois de cette essence amère !
C'est toujours la même liqueur,
Mais ce n'est plus le même verre !

C'était une nouvelle édition, expurgée, du roman *Une Vieille Maîtresse*. La première édition, en 3 vol. in-8°, Paris, Cadot, 1851, est la seule complète. A l'envoi calligraphié à l'encre rouge, M. Charles Coligny répondit par ce madrigal-épigramme :

Ta Muse m'enivre et m'altère !
C'est Circé, Locuste, Hermosa !
Tu peins en Salvator Rosa,
Mais tu rimes comme Voltaire !

(*Le Figaro* du 10 Décembre 1865).

Le Cid

A Georges Landry.

Un soir, dans la Sierra, passait Campéador.
Sur sa cuirasse d'or le soleil mirait l'or
Des derniers flamboiements d'une soirée ardente
Et semblait du héros la splendeur flamboyante !
Il n'était qu'or partout, du cimier aux talons ;
L'or des cuissards froissait l'or des caparaçons ;
Des rubis grenadins faisaient feu sur son casque,
Mais ses yeux en faisaient plus encor sous son masque...
Superbe, et de loisir, il allait sans pareil,
Et n'ayant rien à battre, il battait le soleil !

Et les pâtres, penchés aux rampes des montagnes,
Se le montraient flambant, au loin dans les campagnes,
Comme une tour de feu, ce grand cavalier d'or,
Et disaient : C'est saint Jacques ou bien Campéador,
Confondant tous les deux dans une même gloire,
L'un pour mieux l'admirer, l'autre pour mieux y croire !

Or, comme il passait là, magnifique et puissant,
Et calme, et grave, et lent, le radieux passant
Entendit dans le creux d'un ravin solitaire
Une voix qui semblait, triste, sortir de terre !
Et c'était, étendu sur le sol, un lépreux,
Une immondice humaine, un monstre, un être affreux,
Dont l'aspect fit lever tout droit, dans la poussière,
Les deux pieds du cheval, se dressant en arrière,
Comme s'il eût compris que les fers de ses pieds,
S'ils touchaient à cet être, en resteraient souillés
Et qu'il ne pourrait plus en essuyer la fange ;
Cependant, le héros, dans sa splendeur d'archange,
Inclinant son panache éclatant, aperçut
Le hideux malandrin, sale et vil, le rebut
Du monde — il lui tendit noblement son aumône,
Du haut de son cheval cabré, comme d'un trône,
A ce lépreux impur, contagieux maudit,
Qui la lui demandait au nom de Jésus-Christ !
C'est alors qu'on put voir une chose touchante :
Allongeant vers le Cid sa main pulvérulente,
Le lépreux accroupi se mit sur ses genoux,
Surpris — le repoussé ! — de voir un homme doux
Ne pas montrer l'horreur qu'inspirait sa présence,
Et ne pas l'écarter du bois dur de sa lance ;
Et touché dans le cœur de voir cette pitié
Il osa, lui, le vil, l'affreux, l'humilié,
Dans un de ces élans plus forts que la nature,

Au gantelet d'acier coller sa bouche impure.
Le malheureux savait qu'il pouvait appuyer,
Sans lui donner son mal, sur le brillant acier,
Le mouiller de sa lèvre, y traîner son haleine;
Lui qui n'avait jamais baisé de main humaine
Et qui donnait la mort d'un seul attouchement,
Vautra son front dartreux sur l'acier de ce gant.
Et le Cid le laissa très tranquillement faire,
Sans dédain, sans dégoût, sans haine, sans colère.
Immobile, il restait le grand Campéador!
Que pouvait-il penser sous le grillage d'or
De son casque en rubis, quand il vit cette audace ?
Quel sentiment passa sous l'or de sa cuirasse ?
Mais il fixa longtemps le lépreux, — puis, soudain,
Il arracha son gant et lui donna sa main.

Le Soleil.

I

Hier, j'étais debout derrière une fenêtre...
Contre la vitre en feu j'avais mon front songeur,
Et je voyais, là bas, lentement disparaître
Un soleil embrumé qui mourait sans splendeur !
C'était un vieux soleil des derniers soirs d'automne,
Globe d'un rouge épais, de chaleur épuisé,
Qui ne faisait baisser le regard à personne
    Et qu'un aigle aurait méprisé !

II

Alors, je me disais en une joie amère :
Et toi, Soleil, aussi, j'aime à te voir sombrer !
Astre découronné, comme un Roi de la terre,
Tête de Roi tondu que la Nuit va cloîtrer !!
Demain, je le sais bien, tu sortiras des ombres !
Tes cheveux d'or auront tout à coup repoussé !

Qu'importe ! j'aurai cru que tu meurs quand tu sombres !
Un instant, je l'aurai pensé !!

III

Un moment, j'aurai dit : C'en est fait ! il succombe,
Le Monstre lumineux qu'ils disaient éternel !
Il pâlit comme nous, il se meurt, & sa tombe
N'est qu'un brouillard sanglant dans quelque coin du Ciel !
Grimace de mourir ! grimace funéraire !
Qu'en un ciel annuité chaque jour il fait voir...
Eh bien ! cela m'est doux de la trouver vulgaire
 Sa façon de mourir ce soir !

IV

Car je te hais, Soleil ! oh ! oui, je te hais, comme
L'impassible Témoin des douleurs d'ici-bas...
Chose de feu, sans cœur, je te hais comme un homme !
Celle que nous aimons change & tu ne meurs pas !
L'œil bleu, le vrai soleil qui nous verse la vie,
Un jour perdra son feu, son azur, sa beauté,
Et tu l'éclaireras de ta lumière impie,
 Insultant d'immortalité !

V

Et voilà, vieux Soleil, pourquoi mon cœur t'abhorre !
Voilà pourquoi je t'ai toujours haï, Soleil !
Pourquoi je dis le soir, quand le jour s'évapore :
Oh ! si c'était sa mort & non plus son sommeil !

Voilà pourquoi je dis quand il fuit d'un ciel sombre :
Bravo ! ses six mille ans l'ont enfin achevé !
L'œil du Cyclope a donc enfin trouvé dans l'ombre
    La poutre qui l'aura crevé !

VI

Et que le sang en pleuve & sur nos fronts ruisselle
A la place où tombaient tes insolents rayons !
Et que la plaie aussi nous paraisse immortelle
Et mette six mille ans à saigner sur nos fronts !
Nous n'aurons plus alors que la Nuit & ses voiles !
Plus de jours lumineux dans un ciel de saphir !
Mais n'est-ce pas assez que le feu des étoiles
    Pour voir ce qu'on aime mourir ?

VII

Pour voir la bouche en feu par nos lèvres usée
Nous dire froidement : « c'est fini ! laisse moi ! »
Et s'éteindre l'amour qui, dans notre pensée,
Allumait un soleil plus éclatant que toi !
Pour voir errer parmi les spectres de la terre
Le spectre aimé qui semble & vivant & joyeux,
La nuit, la sombre Nuit est encore trop claire…
    Et je l'arracherais des Cieux !

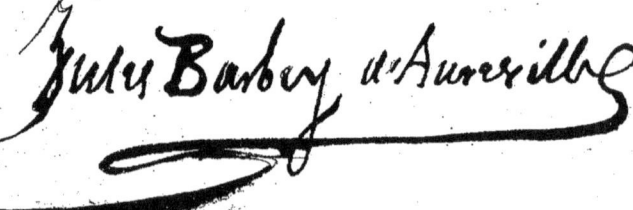

Offert
à mon ami Gabriel.
Hanotaux

Léon Bloy

Rés. m. Z
406(2)

M. J. Barbey d'Aurevilly
à
Léon Bloy,
auteur de la Méduse-Astruc.

Valognes, 15 7bre 1875.

Mon cher Monsieur Bloy, — Je déteste d'écrire de longues lettres et vous m'y forcez, puisque vous tenez à avoir toute mon impression sur votre Méduse-Astruc. Je prends donc mon courage à deux mains pour vous la donner, parceque je tiens à vous faire plaisir et, qui sait? peut être utilité. Ce que j'ai à vous dire vous replantera peut être au travail d'où vous vous êtes beaucoup trop déraciné. Si mon impression était telle que vous la craignez, car il paraît que vous avez été mordu du chien enragé de l'inquiétude, — comme moi qui suis l'Actéon de ce chien aux mille gueules, — si mon opinion sur votre Méduse vous était défavorable, (que ceci vous rassure!) je n'éprouverais pas le petit embarras que j'éprouve, car j'en éprouve un, pourquoi vous le cacher?.. Je serais juste et brutal au besoin, en toute sécurité. Mais votre Méduse-Astruc parle de moi en de tels termes, qu'en disant le bien que j'en pense, j'ai l'air un peu, comme disait spirituellement mon père, de me prendre par la main pour me reconduire et de (vous) payer en éloges ceux que vous avez faits de moi.

Je tâcherai pourtant de me mettre au dessus de cela. Votre interprétation du Buste d'Astruc est une poésie sur une autre poésie. A propos de ce buste vous avez fait une statue ou plutôt vous en avez fait deux, la sienne et la mienne, — énormes toutes deux : vous avez travaillé dans le colossal. Et voilà le hic ! C'est votre manière de voir, je le sais bien, que de voir énorme. C'est la nature même de votre esprit que de voir grand, quand ce ne serait pas moi que vous regarderiez, ou Astruc, à propos de moi. Eh bien, comme en moi, vos yeux grandissent et grossissent l'objet. C'est la qualité et le défaut aussi des poëtes, — le dos et la paume de leur puissante main. Vos amis qui ont senti ce qu'il y avait de beau dans votre Méduse y ont (me dites-vous) trouvé trop d'enthousiasme. Il n'y a jamais trop d'enthousiasme dans une œuvre et dans une œuvre comme la vôtre (qui est de la poésie en prose, un Rhythme oublié.) Mais en disant cela, ils avaient cons- -cience, — conscience obscure, — du manque de proportion qu'il y a entre votre manière de concevoir et de rendre les deux mo- -dèles que vous avez sculptés à votre tour et la réalité de ces deux modèles, qu'en mon âme et conscience vous avez faits trop grands.

Et si grands, mon cher Monsieur Bloy, que si votre Méduse, faite pour l'intimité l'avait été pour la publicité, je me serais opposé, pour ma part, à sa publication. A de pareilles colossalités, il faut les perspectives que la mort creuse derrière les hommes qui ne sont plus. C'est trop monumental pour la vie. Il ne faut pas mettre dans le plain-pied de la vie les choses d'outre-tombe. C'est un anachronisme terrible. Le tombeau de Jules II par Michel-Ange, (vous le voyez, je ne rapetisse personne) était trop grand lorsque Jules II vivait. Il n'a trouvé sa proportion juste qu'après sa mort, et le buste d'Astruc ne la trouvera qu'après la mienne.

Cette réserve faite, mon cher Monsieur Bloy, je n'ai plus que des éloges à vous donner et des compliments à vous adresser. Vous vous êtes mis en friche, depuis quelque temps, mais, comme les bons terrains, vous avez donné plus que je n'aurais cru, quoique les difficultés d'écrire dont vous me parlez aient été affreuses et que vous vous soyez fait intellectuellement pour accoucher de ceci, l'opération césarienne. Ah! ne vous épouvantez pas de cela! il faut beaucoup s'ensanglanter le flanc pour produire chose qui soit César.... et il y a réellement des qualités césariennes dans ce que vous avez écrit, c'est-à-dire des qualités d'un ordre tout à fait supérieur. Je ne puis citer, dans une lettre, tout ce que j'ai trouvé d'incontestablement beau, mais je mettrai à la marge que vous avez laissée pour mes observations les flèches du Sagittaire, à chaque endroit qui m'aura frappé, comme cela ↑ et non comme ceci ↓ la pointe retournée contre vous, car mes flèches pour vous n'ont pas de pointe...... Je ferai cela prochainement, en relisant..... Comme aujourd'hui je ne me permets pas le détail et que je vous juge seulement d'ensemble, je ne procède que par traits généraux et qui vous résument. Ce qui vous distingue, mon cher Monsieur Bloy, c'est qu'emphatique (et je prends ce mot dans son sens le meilleur et le plus élevé), vous n'êtes jamais creux. Sous l'image toujours pompeuse, il y a toujours de la pensée ou du sentiment. Vous avez l'imagination sérieuse et forte, et, si elle se monte, facilement terrible. Votre talent a des sourcils noirs, qui se hérissent par moments, comme la moustache d'Ali Pacha, quand il était en colère, mais qui ne changent pas de couleur, comme elle en changeait, cette fabuleuse moustache, car votre couleur est (et peut-être un peu trop) uniforme. Vous êtes monotone comme les sérieux et les profonds. Je vous voudrais plus de variété. Une chose diablement rare et que vous avez, par exemple, au plus haut degré, c'est la solennité, la solennité sans la déclamation qui en est l'écueil. Vous avez la solennité d'Édgar Poe que Baudelaire admirait tant (je parle de cette solennité), et sa puissance d'épithète. C'est naturel en vous, car je ne pense pas que vous ayez beaucoup étudié ou aimé Poe, ce qui est la même chose. Ce que vous avez encore et ce qu'on ne peut trop admirer dans un homme de votre froide génération, — de cette génération à ventre de grenouille, dont j'ai le bonheur de n'être pas, — c'est l'enthousiasme, la faculté qu'adorait Mme de Staël. Vous l'avez profond, embrasé, continu, sans flammes éparses, mais plus concentré que s'il s'en allait par flammes, mais mouvant comme le feu du soleil, dans son orbe, ce fourmillement brûlant qui le fait astre, même quand il n'a pas ses rayons.... Vous avez cela, mon cher Monsieur Bloy, et vous ne vous en serviriez pas!! Vous laisseriez tout cela se dessécher, comme l'eau des citernes! Vous ne développeriez pas les facultés qui sont en vous et que je vous atteste, sur mon honneur de critique, parceque vous avez rencontré, à l'entrée de votre vie, M. Veuillot qui vous a tout promis, pour ne vous rien tenir, et à qui vous ne ferez pas, j'espère, l'honneur de croire qu'il est l'ange ou l'archange que Dieu a mis, un glaive en main, pour en chasser ceux qui ont du talent, à la porte de la littérature, quoique, sacré nom de tonnerre! ce ne soit pas un paradis!

Tenez, après votre Méduse-Astruc, si vous ne vous mettez pas courageusement et allègrement à la besogne, je me brouille avec vous............

Tout à vous,
J. Barbey d'Aurevilly.

Valognes, 18 septembre.

Voici mes sagettes.

Qu'elles vous pénètrent de courage et qu'au lieu de la mort et de la souffrance, elles vous donnent la vie...

Que je vous relève le cœur et la foi en vous, comme j'ai eu le bonheur de les relever à mon bien-aimé Maurice de Guérin !

J. Barbey d'Aurevilly.

LA
Méduse-Astruc.

| Observations de M. d'Au- |
| rovilly. |

I

L'autre, — celle de Minerve et de Jupiter, — pétrifiait les monstres et transformait en blocs inertes les ennemis démesurés des Dieux de l'Olympe. Tout ce qui se dressait contre ceux-ci, hommes ou bêtes, pouvait rencontrer, à moitié chemin de leurs cieux infranchissables, le jaillissement exterminateur des yeux morts et fixes de la Gorgone décapitée. C'était là le supplice des orgueilleux et des révoltés que la foudre n'épouvantait pas, et la Muse voilée de cette fabuleuse tradition pensa, sans doute, qu'il était digne de la colère des Dieux des mortels d'immortaliser ainsi, — dans l'insolente stupidité de leur dédain et dans la menaçante immobilité de leur geste, — ces indomptables Soulevés de la terre qui se mesuraient, — comme toujours ! — à leur propre insolence et que les tonnerres vengeurs eussent pu grandir encore — en les frappant !

C'est là un style que Buffon aurait appelé pour la manière dont il se meut et marche : des articulations de lion.

II

Mais celle-ci, — cette nouvelle MÉDUSE que notre dernier sculpteur a plantée, pour l'épouvante et la pétrification

C'est membré et puissant de démarche, chargé, oui, mais pas lourd.

des bourgeois de la terre sur l'Egide de sa jeune gloire, — ce buste médusséen, vivant, fulgurant, formidable, n'a pas d'autre immortalité à communiquer que celle qu'il a reçue de l'artiste omnipotent qui, comme Dieu, l'a fait sortir d'un tas de boue, et de l'homme plus étonnant encore dont il est l'image. O puissance mystérieuse de l'Art! lorsque tant d'âmes ne peuvent plus être pénétrées par toi, — vous le savez, artistes et poëtes infortunés! — lorsqu'il existe tant de cœurs d'un si surnaturel appesantissement que rien, rien de toi! ne peut plus les faire, une dernière fois, palpiter ; ô sainte Vengeresse de toutes les grandeurs méprisées, — à commencer par la tienne, — voilà donc ton suprême effort ! Ah! cette œuvre est encore plus belle et plus forte que la Mort, que la Douleur et que le Mépris, ce triple diadème de ceux qui cherchent aujourd'hui la Beauté sur la terre, et si les hommes, un jour, ne veulent plus de toi, ô Faculté divine, tu peux, en attendant, les humilier encore et, — du coup de foudre de la MEDUSE-ASTRUC, — désoler une fois de plus tes abjects désolateurs !

III

Et comment donc l'odieux, le vil bourgeois, cette âme basse et sordide dont le premier goujat triomphant peut se faire un tapis pour ses pieds, ce lâche et tremblant pourvoyeur de l'envie humaine, — de qui les outrages sont le plus beau laurier du génie et les louanges le plus déshonorant bourbier où puisse tremper l'extrémité de la grande aile bleue des oiseaux du septième ciel; — comment voudriez-vous qu'en une telle rencontre, ce ventre social ne fût pas humilié, horripilé et désolé profondément ? Il s'agit d'une œuvre de statuaire, d'une beauté inouïe, effrayante, à faire descendre du ciel les quatorze Dominations qui gardaient le vieux Michel-Ange ! Mes yeux l'ont plusieurs fois contemplée et cette vision dure encore. Elle se dresse dans ma mémoire, comme un rêve d'une grandeur plus qu'humaine, cauchemar de désespérante supériorité qui oppresse mon cœur de son divin accablement. Je voudrais pouvoir vous la raconter telle que je l'ai vue passer à travers mon âme. Mais, quand il faut, avec de faibles mots, balbutiés par de plus faibles hommes, sculpter extérieurement nos enthousiasmes et les mystérieuses poésies de nos souvenirs; — hélas! mon Dieu! nos pensées s'appesantissent alors sur nos pensées, notre mémoire n'est plus qu'une ruine pleine de tristesses glacées et d'échos funèbres, et nos propres sens, plus ennemis et plus pesants que ces impénétrables cieux étendus au-dessus de nos têtes devant le front offensé de la Majesté divine, nos sens curieux et avides nous précipitent sur cette dure terre toute pénétrée de l'amertume des larmes que, depuis six mille ans, la douloureuse humanité répand sur elle!...

Tout cela est très grand, d'un beau tour poétique, — et byronien. Vous savez ce que cela est pour moi.

IV

Oh! combien fière, imposante et redoutable dans sa tranquille toute-puissance, nous apparaît cette étonnante physionomie! Est-ce Lara, dans la mystérieuse galerie, maudissant son terrible cœur que la vie n'avait pas pu briser? ou plutôt, ne serait-ce pas cet indestructible Mazeppa, bondissant dans la steppe immense, traîné et déchiré dans le désert, agonisant dans les solitudes et tout-à-coup, se relevant et ressuscitant comme un Dieu pour le commandement et pour la tempête des combats? C'est à peu près tout cela et c'est mieux! C'est le chevalier de Dieu, dans un monde sans Dieu et sans chevalerie, — dans un monde expirant de vieillesse, au milieu de la foule des mondes moqueurs, harmonieusement balancés dans les espaces du ciel! C'est ce magicien de l'orthodoxie doctrinale et littéraire dont les philtres bienfaisants restituent la vie au cœur des poëtes découragés et rajeunissent les impressions intellectuelles du passé dans

Ma parole, je trouve cela beau comme s'il ne s'agissait pas de moi.

tous les esprits organisés pour vibrer à la grandeur. C'est le poëte et le critique à l'emporte-pièce et l'inépuisable Sagittaire du trait vengeur. Catholique au milieu des incroyants, monarchiste après les monarchies, ligueur sans Ligue, gentilhomme sans roi et roi lui-même sans gentilshommes et sans popularité, demeuré fidèle à des sublimités qui ne triomphaient pas, — c'est le porte-étendard et le porte-foudre de la Vérité et de la Beauté quand même. Destinée de héros et prédestination du Génie ! Double grandeur suprême, si la grandeur pouvait aujourd'hui compter pour quelque chose et si l'héroïsme et le Génie pouvaient souffleter moins cruellement la délicieuse, la fière, l'enivrante égalité des temps modernes !

> Ce n'est pas ce que je suis, mais c'est ce que je voudrais être. <u>Gentilhomme sans roi</u>, par exemple, c'est ce que je suis !

V

Certes ! je la connaissais bien, cette grande figure audacieuse ! J'avais assez vécu, rêvé, souffert, pleuré devant elle ! Cet éducateur de mon intelligence avait assez passé sur ma destinée, à travers mon cœur pour que, — venant un jour à tomber et à disparaître derrière l'horizon de ma vie, — je ne l'oubliasse plus jamais ! et pour que, — dans cette nuit mélancolique de son absence sans retour, — je continuasse de le voir, intérieurement, — ce soleil de ma pensée ! — que ma triste pensée poursuivrait jusque dans la mort, comme l'ombre animée de la mort elle-même, comme un pâle miroir de cette grande vie éteinte dont elle garderait la lumière ! Et, à cause de cela, si vous m'aviez dit, avant la prodigieuse vision de ce buste, que je connaissais mal les traits de mon maître adoré : vraiment, je n'aurais pu le croire. Je me serais replié sur ce pauvre cœur où sa main puissante a gravé si nettement et si profondément son effigie, — comme une monnaie à son usage, — et j'aurais eu pitié de votre doute, comme les croyants ont pitié des hérétiques et les vrais amoureux des libertins. Et cependant, vous auriez eu raison. Mais il fallait la MEDUSE-ASTRUC avec le tonnerre et le tressaillement surhumain de sa beauté, il fallait cette poussée du génie pour déchirer le bandeau de l'habitude et me contraindre à regarder, pour la première fois, — dans la lumière transfiguratrice de ce chef-d'œuvre, — sa face d'immortalité !

VI

Ah ! c'est qu'aussi, les grands artistes, — ces extatiques de la Gloire ! — ne connaissent pas nos sensations vulgaires et l'esclavage déshonorant des habitudes de la pensée ! Leur âme est comme un tremplin surnaturel où rebondissent éternellement les générations des peuples, quand elles s'élancent vers la lumière et, quelquefois aussi, quand elles se précipitent à la mort. Les artistes et les poètes de grande race ne sont jamais tout-à-fait emportés par le torrent des choses humaines. La Jeunesse et la Beauté, — l'orgueil de l'amour et l'orgueil de la vie ! — et le roi de tout orgueil humain, l'Amour lui-même, passent devant eux, comme les ombres mobiles d'une réalité transcendante dont ils portent en eux les mystérieuses intuitions. Et certes ! on peut dire sans impiété que les Saints eux-mêmes sont à peine plus grands que ces irrésistibles Dominateurs de la vie, parceque la liberté morale est le plus grand ressort et l'axe même de la force du genre humain. Hiérarchie prodigieuse ! Saints et poëtes ! L'humanité tourbillonne sur eux, comme un drapeau sur sa hampe immobile, lorsque Dieu souffle sur la terre la tempête des évènements. Ils ont alors leur vraie mesure au seuil de l'Infini et le genre humain éperdu se presse autour d'eux et les enveloppe comme un manteau. Manteau de gloire et de deuil tout ensemble, de joie et de tristesse, de sang et de larmes ! — toute la pauvre humanité !! — où chaque siècle, en accrochant et déchirant son lambeau, a fait son trou de lumière et percé son rayon d'azur ; manteau scintillant, dans la nuit de l'histoire,

Marginalia:

Toujours le nombre et les quatre pattes du lion qui marche, dans la puissance de ses articulations qui, selon moi, sont le style.
Le style, c'est la tournure, donnée par l'organisation.

Verve trop emportée ! on ne se précipite pas d'un tremplin.

de toute la poésie des vieux peuples de la terre ; vêtement d'immortelle splendeur tissé pour tous ces Souffrants de la Pensée, des infatigables doigts d'épines de la virginale Douleur !

VII

Ô l'étrange, l'admirable effet de la contemplation de ce chef-d'œuvre ! de cette poignante figure de bronze qui m'a tant rappelé la terrible MÉDUSE de ces poètes enfants qui symbolisaient ainsi l'excès de l'épouvante et le comble de l'étonnement humain ! Je me suis trouvé semblable à un homme visité de quelque apparition surnaturelle et qui, tout frémissant encore, essaierait inutilement de la raconter et sentirait avec amertume l'impossibilité d'y parvenir. Alors ses pensées s'élèvent en tumulte et grandissent jusqu'à l'objet même qu'elles voudraient saisir et qu'elles s'efforcent désespérément de pénétrer : Telle est l'infirmité humaine de l'enthousiasme ! Source vivante et généreuse de ce divin sentiment, jaillis et monte jusque là, ô mon cœur ! élève toi sur cette coupole de feu qui touche au Ciel et qui reçoit, en les réfléchissant sur la terre, les derniers traits flamboyants du grand astre du jour appesanti vers son couchant ; parle, si tu le peux, la langue immatérielle qui convient à ta pure essence et qui correspond à ta céleste origine : — L'esprit, le pesant esprit ne te suivra pas. Il retombera, accablé, dans l'accablante vie de son terrestre pénitentiaire, interrompu aux deux tiers de son plus vigoureux essor ! Eh bien ! cette sublime puissance de féconder les esprits par l'éclatante et soudaine manifestation de la Beauté ; cet étonnant privilège de l'Art de s'approprier et de mettre en œuvre les essences mêmes des choses et de créer ainsi, — à la façon humaine, — comme Dieu crée lui-même, — à la façon divine ; enfin, ce sceptre incontesté des plus grandes âmes, étendu, comme la main de Moïse, sur le front de tant de peuples combattant

Qui n'est pas toujours virginale, et qui n'en est que plus douleur.

dans la ténébreuse plaine de l'histoire !... Tout cela, j'aurais voulu le dire et j'ai bientôt senti que je ne le pouvais pas. Nous allons toujours, dans nos confuses et embryonnaires sensations, de notre cœur à notre esprit, parce que le contraire n'est pas possible, malgré l'avis de tant de sots qui voudraient ainsi nous faire croire qu'ils sont profonds comme l'éther et inscrutables comme l'œil de Dieu. L'esprit est une impasse inexorable et, pour aller au cœur, il faut absolument frapper droit au cœur, surtout quand on a l'honneur de n'être pas Brutus et que l'on veut pourtant frapper le grand César !

Je vois bien ce que vous voulez dire, mais il faudrait une goutte de lumière de plus.

VIII

Et César, ici, c'est tout ce qui porte une grande âme dans la grande agonie des civilisations mourantes de leur propre excès. C'est tout ce qui vibre et palpite encore dans cet assoupissement universel. Et ce cœur de César, l'aîné et le plus terrible des deux jumeaux vagissants tombés du ventre de la Louve antique, — ce cœur superbe où se résorbe les larmes du monde et qu'il importe de frapper afin que cette rosée surnaturelle retombe sur son ingrat sillon, — c'est le trois fois noble cœur de toute créature humaine capable de sentir la Beauté, la Grandeur, la Gloire, filles de l'Enthousiasme et divines comme lui. Indestructible cœur, créé, comme disait ce poëte, pour battre sans relâche à la porte du Ciel et pour tinter le long des siècles, Tantale de son propre infini, imperméable à la mort même et renaissant jusque sous le vil couteau de la canaille conjurée ! Ah ! les grandes âmes sont nécessaires au monde et il crèvera hideusement quand il n'en existera plus. Il en faut de césariennes, de despotiques, d'incommensurables, où toutes les ambitions puissent venir s'engouffrer et ensuite se revomir ; il en faut pour expérimenter le genre humain, pour exprimer dans les faits l'harmonie de leur propre domination souveraine et le bienfaisant prestige de leur grande manière d'être ; enfin, pour imposer, — même aux sots ! — l'hommage définitif qui doit toujours aller, après tout, à des œuvres comme celle-ci que j'ai appelée la MEDUSE-ASTRUC et dont le seul souvenir me fait crier encore d'admiration !

IX

Rajeunissement étonnant des vieilles images.

Jamais, à coup sûr, une plus belle occasion de chef-d'œuvre ne s'était présentée, ni le spectacle d'une plus belle bataille intellectuelle ! Depuis que les artistes, dans les déchirantes tortures de leurs plus sublimes enfantements, se tordent et se brisent sur les flancs de granit de l'impossible Sphinx de la Difficulté, — jamais, sans doute, il ne dût y avoir, pour aucun d'eux, une plus accablante vision de la faiblesse de l'Art lui-même, lorsque, ayant enfin brisé sa chaîne et massacré son vautour, il s'efforce de ressaisir le feu céleste de la vie pour quelque nouvelle besogne d'immortalité plus extraordinaire et plus surprenante encore que toutes les autres pour lesquelles la colère des Dieux jaloux l'avait cloué sur son grand mont solitaire. Il n'y eut jamais, dans aucun siècle et dans aucun monde, une physionomie plus mâle et plus fière que celle-ci, plus héroïque et plus calme à la fois, pour résister, par son intensité même, aux enveloppantes étreintes spirituelles d'un art plus acharné et plus profond. Le statuaire de la MEDUSE était aussi fort que la MEDUSE était terrible, jusqu'à ce que son triomphe définitif l'eût fait paraître lui-même plus terrible encore. Mais, en attendant, l'attaque et la résistance s'équilibraient avec une incroyable grandeur et faisaient à la pensée le plus prodigieux de tous les spectacles qui se puissent contempler sur la terre. Ô buste étonnant ! image silencieuse d'une des plus rares images de Dieu, quelque terrestre et vile que soit la matière dont tu fus pétri, tu n'en es pas moins devenu la noble essence et la forme subsantielle de cette vie supérieure qui s'est répandue sur toi et qui t'a fécondé. Tu n'étais qu'un pauvre bloc de fange, dans l'inerte obscurité de la fange et te voilà devenu bloc lumineux dans la céleste transparence du séjour de la lumière où le génie t'a fait monter. Tu es, maintenant, comme un vase profond où ton prodigieux fabricateur, — vase d'argile lui-même et plus fragile que toi, — a versé pour nous son âme immortelle comme un parfum d'un inestimable prix. Mais l'ivresse d'admiration que ton aspect nous procure, ô portrait inouï! est une sorte d'ivresse infinie, parceque'elle ne nous vient pas seulement du grand artiste qui t'a créé, mais aussi du noble homme dont tu es l'image.

X

> On sent le souffle lyrique qui vraiment est partout, et qui ne *ballonne* pas les joues pour souffler!

OH! que l'Art est sublime lorsque, ramenant à lui toute son essence, il éclate dans la lumière de sa propre transfiguration, sur le Thabor resplendissant d'un divin chef d'œuvre! Les saints docteurs ont enseigné que le Sauveur des hommes, dans sa mystérieuse Transfiguration, n'avait pas fait un nouveau miracle, mais qu'au contraire, il avait interrompu, pour un instant, le prodige perpétuel de sa vie divinement humaine. Eh bien! à la distance infinie qui nous sépare du Dieu-fait-Homme, — dans notre enfoncement de ténèbres, — quelque semblable effet doit sans doute apparaître, quand la plus éminente de nos facultés ayant accompli quelque transcendant effort, cet intuitif pouvoir remonte à son principe et, pour quelques instants dévoile sa nature. Regardez d'ailleurs cette MEDUSE qui semble émerger de l'infini, tant elle est puissante, inattendue, naïve dans sa force et, pour ainsi dire, projetée sur ceux qui la contemplent — comme un immense jet de lumière au plus profond d'un gouffre obscur. Vous verrez une figure d'homme incroyablement majestueuse, une physionomie de maître du monde, dans une attitude éternelle de dominateur des intelligences. Le front est si vaste et les tempes, — ce noble signe de la Race humaine, — sont si larges, qu'un diadème, — si grand qu'il fût ! — n'y glisserait pas, et ne tomberait pas, — comme cela se voit tant aujourd'hui ! — sur les épaules, où l'auréole de la Majesté devient l'ignoble carcan des esclaves. Et la tête tout entière continue cette impression et la reproduit à chaque trait, toujours plus saisissante, et toujours plus irrésistible, comme un vertige de magnificence qui se multiplie par sa propre intensité : Ce n'est pas même l'idée de la Force qui s'éveille dans la pensée à l'aspect de cette face extraordinaire : c'est l'étonnante idée de l'<u>Indestructibilité</u>. La plupart des physionomies humaines crient et vocifèrent leur propre destruction et paraissent, — aussitôt qu'immobiles, — s'imbiber lentement d'obscurité et s'enfoncer peu à peu dans le néant. Mais celle-ci, au contraire, semble prédestinée à nous émouvoir et à nous agiter, comme aujourd'hui même, longtemps encore après que toutes les autres auront croulé dans leur poussière et se seront irrévocablement dissoutes dans la nuit.

XI

Les yeux de ce buste ne regardent point ce traditionnel <u>avenir</u> que les plus plats bourgeois contemplent éternellement dans leurs sottes images quand ils entreprennent de se faire durer dans la préoccupation des hommes. Ces yeux-là n'ont point de rêverie mélancolique ni de lâche tristesse. Ils tombent droit sur vous, comme deux lames lumineuses, d'une trempe presque divine qui vous pénétreraient irrésistiblement. Et voilà justement le plus grand trait de la MEDUSE-ASTRUC, ce qui fait qu'elle est un buste inouï et que, du fond de sa tranquilité formidable, elle déconcerte la sympathie sans enthousiasme, accable l'admiration elle-même et fait vibrer la pauvre âme jusqu'à la trépidation des os et jusqu'au jaillissement des pleurs. Imaginez, si vous le pouvez, deux yeux de proie jaillissant de la coupole de ce front superbe et fondant sur vous et vous sai-sissant, — comme deux aigles noirs, — dans leurs serres terribles, pour vous emporter et vous déchiqueter dans les nues. Je n'ai jamais rien vu de plus fort que cela, et les plus belles œuvres de la statuaire antique, — et toi même, ô sublime Laocoon qui fis tant pal-piter ma rêveuse enfance! — n'ont pas été si fortes pour me subjuguer, avec leur étouffant Destin, que le portrait de ce chevalier chrétien livré aux bêtes modernes dans l'immense amphithéâtre social, et ne demandant pas sa grâce, mais, au contraire, aiguillonnant du mépris de son attitude et du feu de ses yeux terribles, la stupide cruauté de ses bourreaux intellectuels!

Je voudrais bien les avoir, je sais bien qui j'emporterais

XII

Pendant la dernière guerre, j'entendis, un soir, un cri terrible. On s'éloignait du champ de bataille et la journée, selon l'ordinaire, n'avait point été heu-reuse. On laissait derrière soi quelques camarades mourants qu'il n'était pas possible d'emporter dans la déroute et que la mort, plus heureuse que nous, devait emporter dans sa victoire. La neige tombait en même temps que la nuit et mêlait la mélancolie de sa blancheur à la noire mélancolie du jour expirant. La campagne, au loin, était pleine d'embûches et de menaces et nous allions, silencieux et sombres, à travers un morne bois dépouillé, autour duquel fumait encore la plaine tragique, saoûle, ce soir là, du sang de la France. Une tristesse pesante et noire, — comme un pressentiment de mort exhalé de la bouche ouverte des morts, — s'étendait sur nous et nous enveloppait invinciblement. Moments redoutables ! Heures paniques de la Guerre où les plus fiers courages se détendent et s'affaissent, après le tumulte et les orageuses agitations de la colère, dans une sourde et latente pensée de terreur !!! Tout-à-coup, — la nuit ayant achevé de dérouler sur nos têtes son plus sombre manteau, — un cri, un seul cri, plus effrayant que tous les spectres qui eussent pu nous apparaître, — le cri d'une Douleur suprême accouchant d'une Mort désespérée ! se fit entendre à coté de nous, dans ces ténèbres palpables que nos yeux démesurément ouverts n'avaient plus la force de pénétrer. Et l'effet de cette clameur solitaire fut si terrible et si soudain que notre colonne tout entière en reçut instantanément la commotion et se retourna !... comme si la Mort elle-même avait passé là et comme s'il avait fallu que nous escortassions jusqu'au fond des enfers, cette Reine des Epouvantements !! Aujourd'hui, je me souviens des terreurs de cette nuit épouvantable et ce cri, cet inoubliable cri, d'une angoisse presque surnaturelle, je l'entends encore ! Il est en moi, désormais, comme la réalité extérieure et sensible des rêves les plus poignants de la Douleur, mais aussi, comme une expression accomplie des pensées et des sentiments les plus hauts, quand ils atteignent à une exceptionnelle intensité et qu'il n'y a plus de paroles terrestres pour les formuler. Les orages intérieurs de l'âme humaine, — qui donc,

---

Tout ceci est superbe, mais si vous vous arrêtiez après ce mot, se retourna !... *qui fait si bien, même à l'oreille, est-ce que ce ne serait pas plus beau & ne ferait pas plus* froid *?*

en effet, pourrait l'ignorer ! — les Douleurs et les joies immenses, l'Admiration, l'Amour suprêmes, tous les sentiments excessifs, — tout ce qui nous déracine de la terre pour nous écraser contre les portes de saphir de l'éternelle patrie des cieux, — tout cela est inexprimable en un langage articulé et savant, mais, à défaut de tous les langages, le cri reste toujours, le suprême cri, verbe unique du cœur, où l'âme éperdue peut encore se précipiter, quand elle est par trop bouleversée et qu'elle n'est plus capable de se contenir !

XIII

La Douleur qui fait tant crier les pauvres hommes et qu'ils ont si poétiquement traitée de cruelle, alors même qu'elle ne les accablait pas, la Douleur dispose d'un si grand pouvoir, dans son gouvernement miséricordieux, qu'elle est notre mesure et notre poids, — notre mérite et notre seul espoir, dans ces ombres formidables qui nous arrivent à l'agonie et qui nous enveloppent quand nous commençons de broncher dans le tombeau. La Douleur est tout dans la vie, et parce qu'elle est tout, nous puisons en elle, comme dans l'inépuisable giron de Dieu, tous les types de nos pensées et toutes les formules supérieures de la Vérité. A cause de cela, l'expression suprême de la Douleur, — le CRI ! — est aussi l'expression de la joie suprême et de l'amour qui n'a plus de mesure, que ce soit l'amour terrestre ou le divin Amour, la joie du ciel ou la joie de l'enfer ! Et lorsque les Poëtes, — ces aigles consumés dans le ciel de l'amour, — s'efforcent de chanter comme la terre n'a jamais chanté, leur âme s'élance et s'échappe d'eux, comme le cri tragique de ce pauvre soldat mourant dans les ténèbres, et c'est alors qu'ils sont si sublimes et qu'ils s'emparent si despotiquement de

Bien ramené & très touchant

nos cœurs ! Le vieil Homère criait, dans les ténèbres de sa clairvoyante cécité, Eschyle criait, et le Dante aussi et toi, grand Shakespeare ! ne poussâtes-vous pas des clameurs à faire tomber les immobiles étoiles de ce ciel brûlant d'où vos âmes descendaient à peine !!... Mais le plus fier de tous, le Grand, parmi les plus grands, Blaise Pascal, enfin ! qu'a-t-il fait toute sa vie, sinon de crier et d'eructer son cœur vers Dieu, dans les efforts épouvantables de son génie pascalien aux prises avec l'infernal génie du Désespoir ?

XIV

La MEDUSE-ASTRUC est un de ces cris superbes. Et vous avez compris, ô mes chers amis ! comment elle en est un et pourquoi, — dans ce siècle bourgeois et grossier, — elle a tant de droits à la sainte impopularité du Génie. L'auteur de la MEDUSE est un prince de l'Art, un très grand prince dépossédé, après tant d'autres, de cette gloire prostituée qui coule présentement dans les bras de la multitude, comme un ruisseau de sang et de boue dans les rues phosphorescentes de Sodôme-la-Consumée ! Il sait bien qu'elle est une vile gloire qui ne se donne, — comme tant de femmes ! — qu'à ceux là qui l'avilissent encore, jusqu'au point de fluer en une immonde déliquescence au plus bas étage des cœurs. Mais le Prince de la MEDUSE est une âme fière et son planant esprit ne descendra jamais au-dessous des généreux dégoûts de son cœur, — à lui ! Quand il devra tomber, c'est dans l'Océan qu'il désirera de s'engloutir, dans le vaste Océan sans rivages, où la lumière bénigne des horizons prochains et le regard mouillé des étoiles de la mer protègeront son agonie solitaire et la défendront contre les sottes rumeurs humaines qui pourraient la profaner !

une touche à la Maurice de Guérin

XV

Mais dût-il mettre au jour, — en attendant ce dernier de ses jours, — un grand nombre de nouveaux chefs-d'œuvre, — et Dieu veuille qu'il en soit ainsi! — jamais, sans doute, il ne pourra refaire une beauté, une grandeur, un éclat de vie immortelle comme la MEDUSE. Il ne le pourra pas, parceque le modèle qu'il avait choisi et qui a fécondé son génie ne se retrouvera plus jamais dans sa vie. Il ne rencontrera plus, dans notre monde moderne uniformément misérable, une figure de cette noblesse, de cette hauteur sereine et de cet héroïsme! Il n'entendra plus le cri de la MEDUSE! ce cri muet qui vous entre par les yeux jusqu'au fond du cœur et qu'on ne peut entendre qu'une seule fois; — ce cri dans les ténèbres de la dernière heure crépusculaire du monde moral expirant, ce cri de l'Idéal assassiné, de la Raison violée, de toutes les grandeurs humaines déshonorées, ce cri du Passé, jeté contre la face insolente du Monde par ce Passant de Dieu tombé par aventure au dernier des degrés de l'échelle des siècles. Ah! comme tout cela va finir tristement et de quelle mort ignoble nous allons mourir! Ce divin mensonge des grands cœurs altérés d'infini, cette illusion des joies célestes en attendant la réalité, cette explosion des saints désirs de l'immatérielle patrie dans nos âmes captives, l'Art enfin, l'art sublime va peut-être quitter la terre et son dernier effort avec son dernier cri, ce sera peut-être celui-là que j'ai voulu jeter dans vos yeux sans flammes, — ô mes déplorables contemporains! — planter comme une vibration de tonnerre dans vos oreilles insensibles, et qui sera toujours pour moi, et même après la fin de toute poésie et de toute grandeur, la terrible, la puissante, la miraculeuse MEDUSE-ASTRUC!

22, rue Rousselet.
Août-Septembre 1875.

Léon Bloy

Grand avenir d'écrivain....

brassez, brassez, brassez!!! puisque vous avez ce biceps